Impressum
Verlag: BABADADA GmbH, Nedderfeld 112 , 22529 Hamburg
Geschäftsführer / Verlagsleitung: Harald Hof
Druck: Books on Demand GmbH, In de Tarpen 42, 22848 Norderstedt

Imprint
Publisher: BABADADA GmbH, Nedderfeld 112 , 22529 Hamburg, Germany
Managing Director / Publishing direction: Harald Hof
Print: Books on Demand GmbH, In de Tarpen 42, 22848 Norderstedt, Germany

aula
ruang kelas

dividir
membagi

186/2

mesa
papan

patio de escuela
halaman sekolah

docente
guru

papel
kertas

escribir
menulis

bolígrafo
pena

escritorio
meja kerja

regla
penggaris

libro
buku

alumno
murit

mochila escolar

tas sekolah

caja de lápices

tempat pensil

lápiz

pensil

sacapuntas

pengasah pensil

goma de borrar

penghapus

bloc de dibujo

kertas gambar

dibujo

gambar

pincel

kuas

caja de pinturas

kotak cat

tijera

gunting

pegamento

lem

libro de ejercicios

buku latihan

tarea

pekerjaan rumah

número

angka

sumar

tambhakan

restar

mengurangi

multiplicar

mengalikan

calcular

menghitung

letra

huruf

ABCDEFG
HIJKLMN
OPQRSTU
VWXYZ

alfabeto

alfabet

hello

palabra

kata

texto

teks

leer

membaca

tiza

kapur

lección

pelajaran

libro de clase

daftar

examen

ujian

certificado

sertifikat

uniforme escolar

seragam sekolah

educación

pendidikan

enciclopedia

ensiklopedi

universidad

universitas

microscopio

mikroskop

mapa

peta

cesto de papeles

tempat sampah

hotel
hotel

albergue
hostel

ROOMS

casa de cambio
kantor pertukaran mata uang

ECHANGE

maleta
koper

auto
mobil

idioma
bahasa

sí / no
ya / tidak

ok
okay

hola
hallo

intérprete
penerjemah

gracias
terima kasih

¿Cuánto cuesta…?

Berapa harganya…?

No entiendo

saya tidak mengerti

problema

masalah

¡Buenas tardes!

Selamat malam!

¡Buenos días!

Selamat siang!

¡Buenas noches!

Selamat tidur!

adiós

sampai jumpa

dirección

arah

equipaje

bagasi

bolso

tas

mochila

ransel

invitado

tamu

cuarto

ruang

saco de dormir

kantong tidur

tienda de campaña

tenda

información al turista

informasi wisata

playa

pantai

tarjeta de crédito

kartu kredit

desayuno

sarapan

almuerzo

makan siang

cena

makan malam

pasaje

tiket

ascensor

elevator

sello

perangko

límite

perbatasan

aduana

cukai

embajada

kedutaan

visa

visa

pasaporte

paspor

avión
kapal terbang

barco
perahu

coche de bomberos
mobil pemadam kebakaran

bus
bis

camión
truk

lancha a motor
perahu motor

bicicleta
sepeda

auto
mobil

balsa

feri

lancha

perahu

motocicleta

sepeda motor

auto de policía

mobil polisi

auto de carreras

mobil balapan

auto de alquiler

mobil sewa

alquiler de autos

berbagi mobil

grúa

truk derek

vehículo recolector de basura

truk sampah

motor

motor

gasolina

bahan bakar

gasolinera

bensin

señal de tráfico

tanda lalulintas

tránsito

lalulintas

atasco

macet

estacionamiento

parkir mobil

estación de tren

stasiun kereta

carril

trek

tren

kereta api

tranvía

tram

vagón

gerobak

helicóptero

helikopter

aeropuerto

bendara

torre

menara

pasajero

penumpang

contenedor

container

caja de cartón

karton

carro

troli

cesta

keranjang

despegar / aterrizar

berangkat / mendarat

ciudad

kota

aldea

desa

centro de la ciudad

pusat kota

casa

rumah

cine
bioskop

publicidad
iklan

farol
lampu jalanan

CINEMA

calle
jalanan

taxi
taksi

kiosco
toko jajan

peatón
pejalan kaki

acera
trotoar

cruce
penyebarang

paso de cebra
tempat penyebrangan jalan

cubo de la basura
tempat sampah

semáforo
lampu lalu lintas

cabaña

gubuk

apartamento

rumah flat

estación de tren

stasiun kereta

ayuntamiento

balai kota

museo

museum

escuela

sekolah

ciudad - kota

universidad

universitas

banco

bank

hospital

rumah sakit

hotel

hotel

farmacia

farmasi

oficina

kantor

librería

toko buku

negocio

toko

florería

toko bunga

supermercado

supermarket

mercado

pasar

grandes almacenes

toko serba ada

pescadería

nelayan

centro comercial

pusat belanja

puerto

pelabuhan

parque

taman

banco

banku

puente

jembatan

escalera

tangga

metro

kereta bawah tanah

túnel

terowongan

parada de autobuses

pemberhantian bis

bar

bar

restaurante

restauran

buzón de correo

kotak surat

letrero

tanda jalan

parquímetro

meteran parkir

zoológico

kebun binatang

piscina

kolam renang

mezquita

mesjid

ciudad - kota

granja
pertanian

polución
polusi

cementerio
kuburan

iglesia
gereja

parque infantil
tempat bermain

templo
pura

paisaje
pemandangan

hoja
daun

indicador de camino
penunjuk arah

sendero
jalanan

pradera
padang rumput

piedra
batu

árbol
pohon

caminante
pejalak kaki

río
sungai

pasto
rumput

flor
bunga

valle

lembah

montaña

bukit

lago

danau

bosque

hutan

desierto

padang gurun

volcán

gunung berapi

castillo

istana

arco iris

pelangi

seta

jamur

palmera

pohon palem

mosquito

nyamuk

mosca

lalat

hormiga

semut

abeja

lebah

araña

laba-laba

escarabajo

kumbang

rana

kodok

ardilla

tupai

erizo

landak

liebre

kelinci

lechuza

burung hantu

pájaro

burung

cisne

angsa

jabalí

babi jantan

ciervo

rusa

alce

rusa

embalse

bendungan

aerogenerador

turbin angin

módulo solar

panel surya

clima

iklim

camarero
pelayan

carta del menú
daftar makanan

silla
kursi

sopa
sup

pizza
pizza

cubiertos
peralatan makan

mantel
taplak

entrada
hindangan pembuka

plato principal
hidangan utama

postre
hidangan penutup

bebida
minuman

comida
makanan

botella
botol

comida rápida

fastfood

comida callejera

masakan jalanan

tetera

teko teh

azucarera

kaleng gula

porción

porsi

máquina de espresso

mesin espresso

silla alta

kursi tinggi

factura

tagihan

bandeja

baki

cuchillo

pisau

tenedor

garpu

cuchara

sendok

cuchara de té

sendok teh

servilleta

serbet

vaso

gelas

plato
....
piring

plato de sopa
....
piring sup

platillo
....
lepek

salsa
....
saus

salero
....
tempat garam

molinillo para pimienta
....
gilingan merica

vinagre
....
cuka

aceite
....
minyak

especias
....
bumbu

ketchup
....
saus tomat

mostaza
....
mustar

mayonesa
....
mayones

oferta
penawaran khusus

cliente
klien

productos lácteos
produk susu

fruta
buah

carrito de compras
troli

carnicería
pembantai

panadería
toko roti

pesar
menimbang

verdura
sayur

carne
daging

alimentos congelados
makanan beku

fiambre

pemotongan dingin

conservas

makanan kaleng

detergente en polvo

sabun serbuk

dulces

permen

artículos domésticos

alat-alat rumah tangga

productos de limpieza

obat pembersihan

vendedora

penjual

caja

kasa

cajero

kasir

lista de compras

daftar belanja

horario de atención

jam buka

cartera

dompet

tarjeta de crédito

kartu kredit

maleta

tas

bolsa plástica

kantong plastik

bebida
minuman

agua
air

jugo
jus

leche
susu

refresco de cola
cola

vino
anggur

cerveza
bir

alcohol
alkohol

cacao
coklat

té
teh

café
kopi

espresso
espresso

cappuccino
cappucino

banana

pisang

manzana

apel

naranja

jeruk

sandía

semangka

limón

jeruk lemon

zanahoria

wortel

ajo

bawang putih

bambú

bambu

cebolla

bawang bombai

seta

jamur

nueces

kacang

fideos

mi

espagueti

spagetti

arroz

nasi

ensalada

salat

patatas fritas

kentang goreng

patatas salteadas

kentang goreng

pizza

pizza

hamburguesa

hamburger

sándwich

sandwich

escalope

sayatan

jamón

ham

salame

salami

embutido

sosis

pollo

ayam

asado

menggoreng

pescado

ikan

comida - makanan

copos de avena

bubur gandum

musli

sereal

copos de maíz tostado

cornflakes

harina

tepung

croissant

croissant

panecillo

roti

pan

roti

tostada

toast

galletas

biskuit

mantequilla

mentega

cuajada

dadih

pastel

kue

huevo

telur

huevo frito

telur goreng

queso

keju

comida - makanan

helado

eskrim

azúcar

gula

miel

madu

mermelada

selai

praliné

krim nugat

curry

kare

casa de labranza
rumah peternakan

paca de paja
bale jemari

pajar
lumbung

campo
lapangan

caballo
kuda

remolque
kereta gandeng

potro
anak kuda

tractor
traktor

asno
keledai

cordero
domba

oveja
domba

cabra

cabra

kambing

vaca

vaca

sapi

ternero

ternero

betis

cerdo

cerdo

babi

lechón

lechón

celeng

toro

toro

banteng

ganso

angsa

pato

bebek

polluelo

anak ayam

pollo

ayam

gallo

ayam jantan

rata

tikus

gato

kucing

ratón

tikus

buey

lembu

perro

anjing

caseta del perro

rumah anjing

manguera de riego

selang

regadera

penyiram

guadaña

sabit

arado

bajak

hoz

sabit

azada

cangkul

bieldo

garpu rumput

hacha

kapak

carretilla

gerobak

abrevadero

palung

lechera

kaleng susu

saco

karung

cerca

pagar

establo

kandang

invernadero

rumah kaca

suelo

tanah

semilla

benih

fertilizante

pupuk

cosechadora

mesin pemanen

cosechar

panen

cosecha

panen

raíz de ñame

yams

trigo

gandum

soja

kedelai

patata

kentang

maíz

jagung

colza

lobak

Árbol frutal

pohon buah

mandioca

singkong

cereales

sereal

chimenea
cerobong

techo
atap

canalón
pipa talang

ventana
jendela

garaje
garasi

timbre
bel pintu

puerta
pintu

cubo de la basura
sampah

buzón de correo
kotak surat

jardín
kebun

cuarto de estar

ruang tamu

cuarto de baño

kamar mandi

cocina

dapur

dormitorio

kamar tidur

cuarto de los niños

kamar anak

comedor

kamar makan

piso

lantai

pared

tembok

cielorraso

atap

sótano

gudang di bawah tanah

sauna

sauna

balcón

balkon

terraza

teras

piscina

kolam renang

cortacésped

mesin pemotong rumput

funda nórdica

sprei

edredón

selimut

cama

tempat tidur

escoba

sapu

cubo

ember

interruptor

tombol

papel para empapelar
kertas dinding

imagen
gambar

lámpara
lampu

estante
rak

gabinete
kabinet

hogar
perapian

televisor
televisi

flor
bunga

cojín
bantal

florero
vas

sofá
sofa

control remoto
remote control

alfombra
karpet

cortina
korden

mesa
meja

silla
kursi

mecedora
kursi goyang

sillón
kursi malas

libro
buku

frazada
selimut

decoración
dekorasi

leña
kayu bakar

film
filem

equipo estereofónico
hi-fi

llave
kunci

periódico
koran

cuadro
lukisan

póster
poster

radio
radio

bloc de notas
buku tulis

aspiradora
penyedot debu

cactus
kaktus

vela
lilin

nevera
kulkas

horno microondas
mesin pemanggang

balanza de cocina
timbangan

tostador
pemanggang roti

detergente
deterjen

congelador
lemari es

horno
kompor

cubo de la basura
sampah

lavaplatos
mesin pencuci piring

cocina
kompor

olla
panci

olla de fundición de hierro
panci besi

wok / kadai
wajan

sartén
panci

hervidor de agua
pemanas air

olla de vapor

panci pengukus makanan

bandeja de horno

nampan

vajilla

piring

vaso

cangkir

bol

mangkok

palillos para comer

sumpit

cucharón de sopa

sendok sup

espátula

sudip

batidor

mengocok

colador

saringan

cedazo

saringan

rallador

parutan

mortero

mortir

parrillada

barbeque

fogata

api terbuka

tabla de picar

papan memotong

rodillo

gilingan

sacacorchos

alat pembuka botol

lata

kaleng

abrelatas

pembuka kaleng

agarrador

pegangan panci

fregadero

wastafel

cepillo

sikat

esponja

busa

batidora

mesin pencampur

arcón congelador

lemari es

biberón

botol bayi

grifo

keran

calefacción
mesin pemanas

ducha
mandi

toalla
handuk

cortina para ducha
tirai kamar mandi

baño de espuma
mandi busa

bañera
bak mandi

vaso
gelas

lavadora
mesin cuci

grifo
keran

baldosa
ubin

orinal
pispot

fregadero
wastafel

cuarto de baño
toilet

placa turca
toilet jongkok

bidé
bidet

urinario
pissoir

papel higiénico
kertas toilet

escobilla para el cuarto de baño
sikat toilet

cepillo de dientes

sikat gigi

pasta dentífrica

pasta gigi

seda dental

benang gigi

lavar

menyuci

ducha teléfono

pancuran tangan

ducha higiénica

pancuran

cuenco

bak

cepillo para la espalda

sikat punggung

jabón

sabun

gel de ducha

gel mandi

champú

sampo

manopla para baño

planel

desagüe

kuras

crema

krim

desodorante

deodoran

espejo

kaca

espejo de maquillaje

cermin tangan

máquina de afeitar

pisau cukur

espuma de afeitar

busa cukur

loción para después del afeitado

aftershave

peine

sisir

cepillo

sikat

secador para cabello

alat pengering rambut

laca de peinado

semprot rambut

maquillaje

makeup

lápiz labial

lipstik

laca para uñas

cat kuku

algodón

kapas

tijera para uñas

gunting kuku

perfume

minyak wangi

neceser

kantong pencuci

taburete

bangku

balanza

timbangan

bata de baño

mantel mandi

guantes de goma

sarung tangan karet

tampón

tampon

compresa

handuk pembalut

wáter químico

toilet kimia

despertador
jam alarm

animal de peluche
boneka tidur

auto de juguete
mobil-mobilan

casa de muñecas
rumah boneka

obsequio
kado

sonajero
kelintung

globo
balon

cama
tempat tidur

cochecito para niños
kereta bayi

juego de barajas
mainan kartu

rompecabezas
teka-teki

cómic
komik

piezas de Lego

mainan lego

bloques para jugar

blok mainan

figura de acción

figur aksi

pijama de una pieza

baju monyet

frisbee

frisbee

móvil

mobile

juego de mesa

permainan papan

dado

dadu

tren eléctrico a escala

set model kreta api

chupete

dot

fiesta

pesta

libro de dibujos

buku gambar

pelota

bola

títere

boneka

jugar

bermain

arenero

tempat main pasir

columpio

ayunan

juguetes

mainan

consola de videojuego

video game konsol

triciclo

sepeda roda tiga

osito de peluche

teddy

guardarropa

lemari pakaian

vestimenta

pakaian

calcetines

kaos kaki

medias

kaos kaki

panti

baju ketat

chal
syal

paraguas
payung

camiseta
kaos

cinturón
sabuk

botas
sepatu bot

zapatilla
sandal

deportivas
sepatu

sandalias	zapatos	botas de goma
sandal	sepatu	sepatu bot karet
ropa interior	corpiño	camiseta
celana dalam	BH	baju rompi

body
body

pantalón
celana

jeans
jeans

falda
rok

blusa
blus

camisa
kemeja

pullover
aket berkerudung

sweater
sweater

blazer
jaket

chaqueta
jaket

abrigo
mantel

impermeable
jas hujan

traje chaqueta
kostum

vestido
gaun

vestido de bodas
gaun pengantin

traje

setelan resmi

camisón

gaun tidur

pijama

piyama

sari

sari

pañuelo de cabeza

jilbab

turbante

turban

burka

burka

caftán

kaftan

abaya

abaya

traje de baño

pakaian renang

bañador

celana renang

shorts

celana pendek

chándal

olah raga

delantal

celemek

guante

sarung tangan

botón

kancing

gafa

kacamata

brazalete

gelang

cadena

kalung

anillo

cincin

aro

anting

gorra

topi

percha

gantungan mantel

sombrero

topi

corbata

dasi

cierre a cremallera

ritsleting

casco

helm

tiradores

tali selempang

uniforme escolar

seragam sekolah

uniforme

seragam

babero
oto

chupete
dot

pañal
popok

oficina
kantor

servidor
server

archivador
lemari arsip

impresora
pencetak

papel
kertas

monitor
layar

escritorio
meja kerja

ratón
mouse komputer

carpeta
tempat pengarsipan

teclado
papan tombol

cesto de papeles
tempat sampah

ordenador
computer

silla
kursi

taza de café
cangkir kopi

calculadora
kalkulator

internet
internet

laptop
laptop

carta
surat

mensaje
pesan

teléfono móvil
telepon seluler

red
jaringan

fotocopiadora
fotokopi

software
software

teléfono
telepon

tomacorriente
plug soket

máquina de fax
mesin fax

formulario
formulir

documento
dokumen

comprar

membeli

pagar

membayar

comerciar

berdagang

dinero

uang

dólar

Dollar

euro

Euro

yen

Yen

rublo

Rubel

franco

Franc Swiss

renminbi

Renminbi Yuan

rupia

Rupiah

cajero automático

ATM

casa de cambio

kantor pertukaran mata uang

oro

emas

plata

perak

petróleo

minyak

energía

energi

precio

harga

contrato

kontrak

impuesto

pajak

acción

saham

trabajar

bekerja

empleado

karyawan

empleador

majikan

fábrica

pabrik

negocio

toko

bombero
pemadam kebakaran

policía
petugas polisi

cocinero
pemasak

médico
dokter

piloto
pilot

jardinero

tukan kebun

carpintero

tukang kayu

costurera

penjahit wanita

juez

hakim

químico

ahli kimia

actor

aktor

conductor de autobús

sopir bis

taxista

sopir taksi

pescador

nelayan

mujer de la limpieza

pembantu

techista

tukang atap

camarero

pelayan

cazador

pemburu

pintor

pelukis

panadero

tukang roti

electricista

tukang listrik

albañil

pembangun

ingeniero

insinyur

carnicero

tukang daging

fontanero

tukang ledeng

cartero

tukang pos

soldado
tentara

arquitecto
arsitek

cajero
kasir

florista
penjual bunga

peluquero
penata rambut

cobrador
konduktor

mecánico
montir

capitán
kapten

odontólogo
dokter gigi

científico
ilmuwan

rabino
rabbi

imam
imam

monje
biarawan

párroco
pendeta

martillo
palu

tenazas
tang

destornillador
obeng

llave de tuercas
kunci

lámpara de me
obor

excavadora

penggali

caja de herramientas

tas perkakas

escalerilla

tangga

serrucho

gergaji

clavos

paku

taladro

bor

reparar

perbaikan

pala

sekop

¡Maldición!

Sialan!

recogedor

cikrak

lata de pintura

pot cat

tornillos

sekrup

instrumentos musicales
alat musik

altavoz
pengeras suara

batería
alat drum

guitarra
gitar

contrabajo
bas

trompeta
trompet

piano
piano

violín
violin

bajo
bass

timbales
tambur

tambor
drum

teclado
keyboard

saxofón
saksofon

flauta
suling

micrófono
mikrofon

entrada
pintu masuk

tigre
macan

jaula
kandang

cebra
sebra

comida para animales
pakan ternak

panda
panda

animales
hewan

elefante
gajah

canguro
kanguru

rinoceronte
badak

gorila
gorila

oso
beruang

camello

unta

avestruz

burung unta

león

singa

mono

monyet

flamengo

flamingo

papagayo

burung beo

oso polar

beruang polar

pingüino

penguin

tiburón

hiu

pavo real

merak

serpiente

ular

cocodrilo

buaya

cuidador del zoológico

penjaga kebun binatang

foca

segel

jaguar

jaguar

pony
kuda poni

leopardo
macan tutul

hipopótamo
kuda nil

jirafa
jerapah

águila
burung elang

jabalí
babi jantan

pescado
ikan

tortuga
kura-kura

morsa
anjing laut

zorro
rubah

gacela
kijang

fútbol americano
american football

ciclismo
naik sepeda

tenis
tennis

baloncesto
basketbal

natación
bernang

hockey sobre hielo
hoki es

boxeo
tinju

fútbol
sepak bola

badminton
badminton

atletismo
atletik

balonmano
bola tangan

esquí
main ski

polo
polo

reír
ketawa

saltar
meloncat

abrazar
memeluk

caminar
berjalan

cantar
menyanyi

soñar
mengimpi

rezar
berdoa

besar
mencium

escribir

menulis

dibujar

melukis

mostrar

menunjuk

presionar

mendorong

dar

memberikan

tomar

mengambil

tener

mempunyai

hacer

melakukan

ser

adalah

estar de pie

berdiri

correr

berlari

tirar

menarik

arrojar

melempar

caer

jatuh

estar acostado

tidur

esperar

menunggu

llevar

membawa

estar sentado

duduk

vestirse

berpakaian

dormir

tidur

despertar

bangun

mirar

melihat

llorar

menangis

acariciar

mengelus

peinarse

menyisir

conversar

berbicara

entender

mengerti

preguntar

menanyak

oír

mendengar

beber

minum

comer

makan

asear

merapikan

amar

cinta

cocinar

memasak

conducir

menyetir

volar

terbang

navegar

berlayar

calcular

menghitung

leer

membaca

aprender

belajar

trabajar

bekerja

casarse

menikah

coser

menjahit

limpiarse los dientes

sikat gigi

matar

membunuh

fumar

merokok

enviar

kirim

abuela
nenek

abuelo
kakek

padre
bapak

madre
ibu

bebé
bayi

hija
putri

hijo
putra

invitado

tamu

tía

bibi

tío

paman

hermano

kakak laki

hermana

kakak perempuan

frente
dahi

ojo
mata

hombro
bahu

dedo
jari

cara
muka

barbilla
dagu

mano
tangan

pecho
payudara

pierna
kaki

brazo
lengan

bebé
....
bayi

hombre
....
pria

mujer
....
wanita

muchacha
....
perempuan

joven
....
laki

cabeza
....
kepala

espalda

punggung

vientre

perut

ombligo

pusar

dedo del pie

toe

talón

tumit

hueso

tulang

cadera

pinggang

rodilla

lutut

codo

siku

nariz

hidung

trasero

pantat

piel

kulit

mejilla

pipi

oreja

telinga

labio

bibir

boca

mulut

diente

gigi

lengua

lidah

cerebro

otak

corazón

jantung

músculo

otot

pulmón

paru-paru

hígado

hati

estómago

stomach

riñones

ginjal

relación sexual

hubungan seks

condón

kondom

Óvulo

sel telur

esperma

sperma

embarazo

kehamilan

menstruación
menstruasi

vagina
vagina

pene
penis

ceja
alis

cabello
rambut

cuello
leher

hospital
rumah sakit

ambulancia
ambulans

silla de ruedas
kursi roda

fractura
patah tulang

médico
dokter

admisión de urgencia
ruang darurat

enfermera
perawat

emergencia
darurat

inconsciente
semaput

dolor
sakit

lesión
....
cedera

hemorragia
....
perdarahan

infarto de miocardio
....
serangan jantung

apoplejía cerebral
....
stroke

alergia
....
alergi

tos
....
batuk

fiebre
....
demam

gripe
....
flu

diarrea
....
diare

dolor de cabeza
....
sakit kepala

cáncer
....
kanker

diabetes
....
diabetes

cirujano
....
ahli bedah

escalpelo
....
pisau bedah

operación
....
operasi

TC
CT

rayos X
sinar x

ultrasonido
usg

máscara
topeng

enfermedad
penyakit

sala de espera
ruang tunggu

muleta
penyokong

emplasto
plester

vendaje
perban

inyección
injeksi

estetoscopio
stetoskop

camilla
usungan

termómetro
termometer klinis

nacimiento
kelahiran

sobrepeso
kelebihan berat badan

audífono

alat pendengar

desinfectante

desinfektan

infección

infeksi

virus

virus

VIH / SIDA

HIV / AIDS

medicina

obat

vacunación

vaksinasi

comprimido

tablet

píldora anticonceptiva

pil

lamada de emergencia

panggilan darurat

medidor de presión arterial

ukur tekanan darah

enfermo / saludable

sakit / sehat

¡Ayuda!

Tolong!

alarma

alarm

asalto

penyerbuan

ataque

serangan

peligro

bahaya

salida de emergencia

pintu darurat

¡Fuego!

Api!

extintor

alat pemadam kebakaran

accidente

kecelakaan

kit de primeros auxilios

kit pertolongan pertama

SOS

SOS

Policía

polisi

Europa

Eropa

América del Norte

Amerika Utara

América del Sur

Amerika Selatan

África

Afrika

Asia

Asia

Australia

Australi

Atlántico

Atlantik

Pacífico

Pasifik

Océano Índico

Samudra India

Océano Antártico

Samudra Antartika

Océano Ártico

Samudra Arktik

Polo Norte

kutub utara

Polo Sur

kutub selatan

Antártida

Antarktika

Tierra

bumi

país

tanah

mar

laut

. isla

pulau

nación

bangsa

Estado

negara

cuadrante

jam wajah

horario

jarum pendek

minutero

jarum menit

segundero

jarum detik

¿Qué hora es?

Jam berapa?

día

hari

tiempo

waktu

ahora

sekarang

reloj digital

jam digital

minuto

menit

hora

jam

semana
minggu

lunes
Senin

MO

W
miércoles
Rabu

FR
viernes
Jumat

TU

TH

SA

SO

martes
Selasa

sábado
Sabtu

jueves
Kamis

domingo
Minggu

ayer
....
kemaren

TUE

2
hoy
....
hari ini

mañana
....
besok

mañana
....
pagi

mediodía
....
siang

tarde
....
malam

MO	TU	WE	TH	FR	SA	SU
1	2	3	4	5	6	7
8	9	10	11	12	13	14
15	16	17	18	19	20	21
22	23	24	25	26	27	28
29	30	31	1	2	3	4

jornada de trabajo
....
hari kerja

MO	TU	WE	TH	FR	SA	SU
1	2	3	4	5	6	7
8	9	10	11	12	13	14
15	16	17	18	19	20	21
22	23	24	25	26	27	28
29	30	31	1	2	3	4

fin de semana
....
akhir minggu

lluvia
hujan

arco iris
pelangi

nieve
salju

viento
angin

primavera
musim semi

otoño
musim gugur

verano
musim panas

invierno
musim dingin

ronóstico meteorológico
ramalan cuaca

termómetro
termometer

luz solar
matahari

nube
awan

niebla
kabut

humedad ambiente
kelembahan

relámpago

kilat

trueno

guntur

tormenta

badai

granizo

hujan es

monzón

monsun

inundación

banjir

hielo

es

enero

Januari

febrero

Februari

marzo

Maret

abril

April

mayo

Mei

junio

Juni

julio

Juli

agosto

Agustus

año - tahun

septiembre
September

octubre
Oktober

noviembre
November

diciembre
Desember

formas
bentuk

círculo
lingkaran

cuadrado
persegi

rectángulo
persegi panjang

triángulo
segi tiga

esfera
bola

cubo
kubus

warna-warna

blanco
....
putih

amarillo
....
kuning

anaranjado
....
oranye

rosa
....
pink

rojo
....
merah

lila
....
ungu

azul
....
biru

verde
....
hijau

marrón
....
coklat

gris
....
abu-abu

negro
....
hitam

mucho / poco

banyak / sedikit

enojado / calmado

marah / tenang

bonito / feo

cantik / jelek

comienzo / fin

mulaih / selesai

grande / pequeño

besar / kecil

claro / oscuro

terang / gelap

hermano / hermana

audara laki-laki / saudara perempuan

limpio / sucio

bersih / kotor

completo / incompleto

lengkap / tidak lengkap

día / noche

hari / malam

muerto / vivo

mati / hidup

ancho / angosto

luas / sempit

disfrutable / no disfrutable

dapat dimakan / tidak dapat dimakan

malo / amigable

jahat / baik

excitado / aburrido

bersemangat / bosan

gordo / delgado

gemuk / kurus

primero / último

pertama / terakhir

amigo / enemigo

teman / musuh

lleno / vacío

penuh / kosong

duro / suave

keras / lembut

pesado / liviano

berat / enteng

hambre / sed

lapar / haus

enfermo / saludable

sakit / sehat

ilegal / legal

ilegal / legal

inteligente / tonto

cerdas / bodoh

izquierda / derecha

kiri / kanan

cercano / lejano

dekat / jauh

opuestos - berlawanan

nuevo / usado

baru / bekas

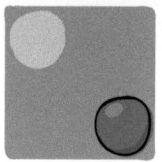

nada / algo

tidak ada apapun / sesuatu

viejo / joven

tua / muda

encendido / apagado

nyala / mati

abierto / cerrado

buka / tutup

bajo / fuerte

tenang / keras

rico / pobre

kaya / miskin

correcto / incorrecto

benar / salah

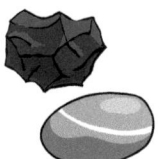

áspero / liso

kasar / halus

triste / alegre

sedih / gembira

breve / extenso

pendek / panjang

lento / veloz

pelan-pelan / cepat

mojado / seco

basah / kering

caliente / frío

hangat / sejuk

guerra / paz

perang / damai

0
cero
nol

1
uno
satu

2
dos
dua

3
tres
tiga

4
cuatro
empat

5
cinco
lima

6
seis
enam

7
siete
tujuh

8
ocho
delapan

9
nueve
sembilan

10
diez
sepuluh

11
once
sebelas

12

doce

duabelas

13

trece

tigabelas

14

catorce

empatbelas

15

quince

limabelas

16

dieciséis

enambelas

17

diecisiete

tujuhbelas

18

dieciocho

delapanbelas

19

diecinueve

sembilanbelas

20

veinte

duapuluh

100

cien

seratus

1.000

mil

seribu

1.000.000

millón

juta

idiomas

bahasa-bahasa

inglés

Inggris

inglés estadounidense

bahasa Inggris Amerika

chino mandarín

bahasa Cina Mandarin

hindi

bahasa Hindi

español

bahasa Spanyol

francés

bahasa Perancis

árabe

bahasa Arab

ruso

bahasa Rusia

portugués

bahasa Portugis

bengalí

bahasa Bengal

alemán

bahasa Jerman

japonés

bahasa Jepang

yo

saya

tú

kamu

él / ella

dia

nosotros

kita

vosotros

kalian

ellos

mereka

¿quién?

siapa?

¿qué?

apa?

¿cómo?

begaimana?

¿dónde?

dimana?

¿cuándo?

kapan?

nombre

nama

detrás

dibelakang

en

di

delante de

didepan

encima de

diatas

sobre

diatas

debajo de

dibawah

junto a

sebelah

entre

di antara

lugar

tempat